My First Kwéyòl Number Book

Pou papa mwen
Bernard John-Charles
1933 - 2005

Written by Trina John-Charles
Illustrated by Kate Smith

©2010 Inkerbell Publishing Ltd
PO BOX 66402
London W9 4BG
UK

ISBN 978-0-9564274-2-7

2
Dé

Dé plén

11
Wonz

Wonz soulyé

13
Twèz

Twèz kado

16
Sèz

Sèz choson

17
Disèt

Disèt chapo

18 Dizwit

Dizwit motoka

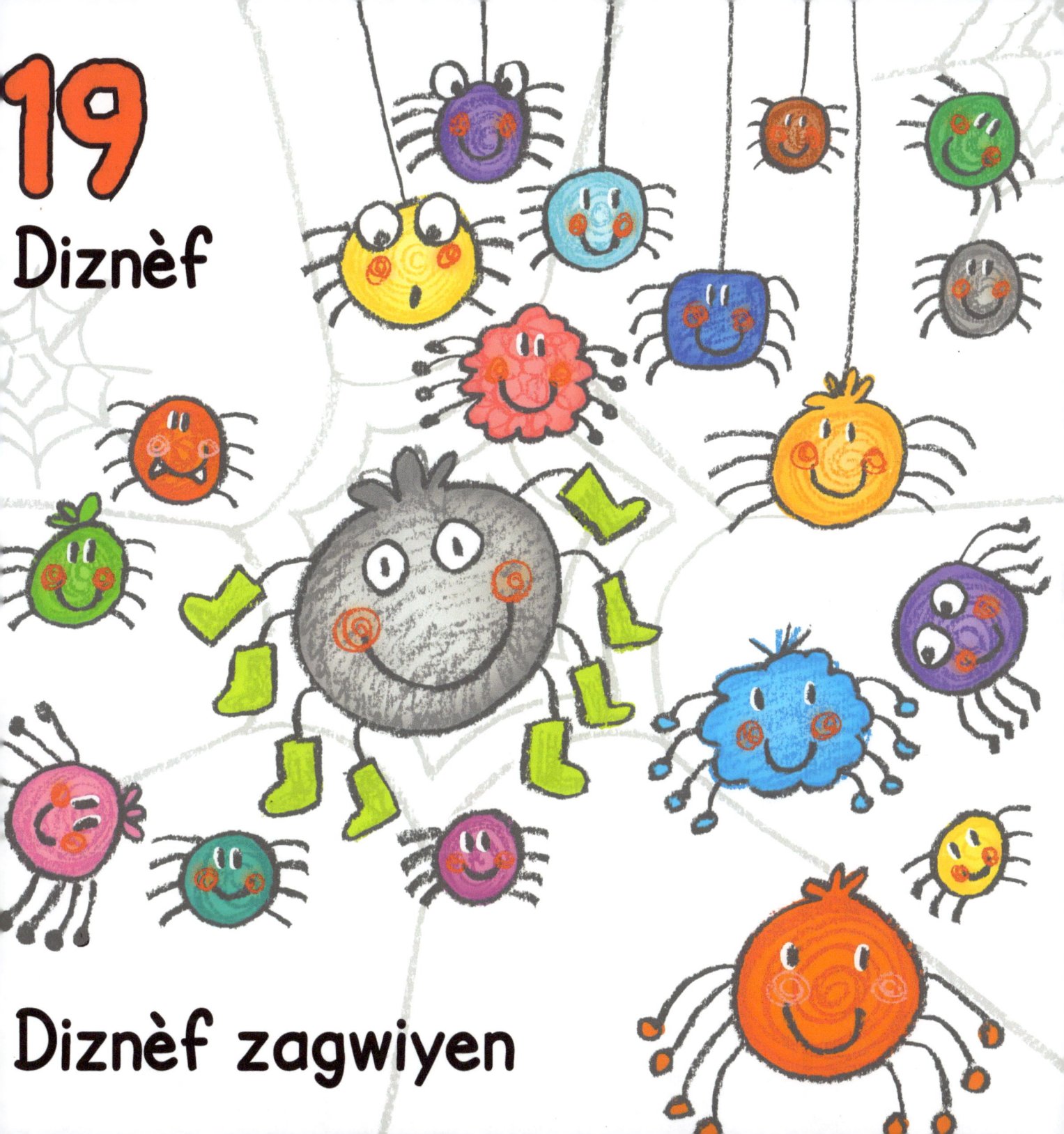

20
Ven

Ven étwal

Glossary

B
Bèf — cow
Bonbon — cake

C
Chapo — hat
Chatou — octopus
Chini — caterpillar
Choson — sock

D
Dansè — dancer
Dowad — dolphin

E
Étwal — star

K
Kado — gift

L
Lapen — rabbit

M
Makak — monkey
Motoka — car
Mouton — sheep

P
Papiyòt — butterfly
Pawasòl — umbrella
Plén — aeroplane
Plim — feather
Poul — chicken
Pwéson — fish

S
Soulyé — shoe

Z
Zagwiyen — spider

Numbers
Yonn — one
Dé — two
Twa — three
Kat — four
Senk — five
Sis — six
Sèt — seven
Ywit — eight
Nèf — nine
Dis — ten
Wonz — eleven
Douz — twelve
Twèz — thirteen
Katòz — fourteen
Kenz — fifteen
Sèz — sixteen
Disèt — seventeen
Dizwit — eighteen
Diznèf — nineteen
Ven — twenty
San — hundred
Mil — thousand

www.ingramcontent.com/pod-product-compliance
Lightning Source LLC
Chambersburg PA
CBHW042145290426
44110CB00002B/117